스스로 웃는 매미

장대송 시집

문학동네시인선 025 장대송

스스로 웃는 매미

시인의 말

그 눈이 빨갛다.

지독한 비에 모든 것이 쓸려갔다. 산청에서 올라왔다던 그 비구니는 아직도 비구니일까. 나면서부터 비구니였다는 그 여자는 아직도 비구니일까. 지하철 순환선을 탈 때는 신발을 머리에 이고 타야 된다는 비구들의 농에 정말 그렇게 해서 2호선을 몇 번이나 순회하고 고려대장경 연구소까지 찾아왔다는 그 비구니는 흥분하여 수다를 떠는데 눈이 빨개져 있었다.

지독한 비에 모든 것이 쓸려갔다.

한강 둔치 아산병원과 천호대교 중간 지점에 어린 백로 한 마리가 산책로에 나와 있다. 사람이 두려운 것 같지 않다. 어디론가 날아가버린 부모나 물에 휩쓸려간 둥지를 찾는 것도 아닌 것 같다. 산책로 한쪽에서 다른 한쪽까지 왕복하는 그는 노란 발을 머리에 이고 있다. 조용한 몸에 눈이 빨갛다.

노출된 반복은 눈에 들지 않는다.

TV를 보거나 인터넷을 하거나 아이를 학원에 데려다주고 데리고 오는 일들…… 그 반복과 순환의 코드 중간중간에 잠시 들락거리는 것들이 있다. 형체를 알 수 없는 것들이 들어왔다가 그냥 형체를 남기지 않고 사라진다. 두려움이라는 욕망도, 뭘 하고 싶다는 욕망도 아닌 어떤 허상 같은 게 남겨질 뿐이다. 아무렇지도 않게 살고 있지만 내 가슴은 빨갛다.

2012년 9월
장대송

차례

2부

3부

4부

1부

회양 사람과 숲에서 노을을 보다가

산등에 해 지면 바람처럼 쏘다니다가도 소 등에 달 뜨면 울음을 터뜨릴 것 같은

물속에서 꺼내놓아도 눈을 감은 채 물속이라고 바동댈 것 같은

집들이 많다고 다 서울이 아니야 천안이나 온양일 수도 있어 사람들이 다 내리는 데서 따라 내려 거기가 서울 용산이야 하고 사람살이가 뭔지를 자세히도 일러줄 것 같은

살이 낀 그리움에 식칼이 부러지는 줄도 모르고 그리워만 하다가 말 것 같은

죽은 사람의 흔적만 밟고 살아서 발뒤꿈치가 땅에 닿는 소리가 뼛속으로 파고들어도 아무렇지도 않을 것 같은

우물 속에서 물을 말려 속이 밖이 될 것 같은

해가 뜨고 지는 일들이 밥상을 차려줄 것 같은

그러다가 절을 백번 천번을 하나 똑같이 힘든데 그 힘든 것 때문에 산다고 말할 것 같은 그 사람이

아 아, 풀들이 시들어가는 이 가을 숲에서 노을을 보다가 어째서 너의 얼굴을 보면 근심 속에 그 풀들이 다시 살아나 슬픔이 더하느냐고 했다

* 회양은 두보의 고향이다.

강천(鋼川)

그 단단한 물
너무 단단해 금이 갈, 그 물
시간으로부터 몸을 지켜내기 위해 끝없이 흘러가는
저 단단한 물
절간을 지키던 저 나무들의 수다, 멈춰졌어
여기까지 찾게 했던 것들, 그만 버릴 뻔했어
이쯤에서
물에 주름 생길 때
그 틈을 비집고 들어가
오로지 기다릴 줄만 아는 모양으로
허망한 눈만 끔벅여온
벽하고 얘기하며 간신히 남겨둔
애써 감춰온 것들
물속에 부는 바람에게 말할 뻔했네
시간에게서 날 지켜다오
단단한 물은
너무 차가워 단단해진 물은
누구나 손을 씻고 세수를 해도 괜찮을
별것 아닌 이 단단한 물은
난 이 단단함이 무엇인지 안 듯도 한데
그게 맞는지
물속에 들어간 나는 나올 줄 모르네

옛날 연속극

텔레비전 위
기절하는 선인장을 올려놓았네
옛날 연속극이 나오잖아
저 늙은 염소의 털을 염색하면
선인장 가시를 염색하면
가슴 털을 염색하면
거시기 털은 염색할 수 있나요
하얘져가는데
꽃물이 들까요, 얼마인가요
색소가 번지는 화면처럼
아주 절망적인 색으로
저기 저 그림
산 위에 구름 대신 떠 있는 커다란 입술
저런 그림도 있는데
염색쯤이야, 해줄 수 있죠
여기, 목욕탕 이발소야
입속이 까만
흑인 심령술사가 파닥거리고 있어
기름쟁이처럼
내 손바닥 위에서
염소가 라면 봉지도 씹어 먹어
저 염소 좀 봐
혓바닥에 피어싱을 했어

저 텔레비전
혹시 살아 있는 척하는 거 아냐
실은 나도 살아 있는 척하는 것 아냐

바닷가 무쇠 난로
—윤장원 형에게

곰소 횟집에서
바닷가에 만든 비닐하우스 식당
개펄에 물이 찰 때까지만
저 흐릿한 바닷물이
어둠과 합쳐질 때까지만 눌러앉아
각자에게 무엇이 오고 가는지
겨울 바다처럼
기다리자고 했는데
갯바람에 무쇠 난로는,
몇 번쯤은
불뚝거릴 일들을 겪었지만
집에 들어와 마누라만 잡았을 성싶은 사내
말이 안 되는 일에 열광해대다
불뚝 성질 다 버려가는 사내
종작없이 풍겨대는 매캐한 연기
두 사내에게 불뚝 성질을 부리는데
종업원도 들어오길 주저하는
버릴 것이 없어 중심이 필요 없다는 듯
눈살 한번 찌푸리지 않는 두 사내
조용히 번을 갈라
주문도 하고, 물과 술도 가져오더니
주인이 봐논 상까지 가져다놓는데
뽀얀 회 살 옆

억지로 까놓은 피조개 앞에선
멈칫, 상추 잎으로 슬쩍 덮어놓고는
술 몇 잔을 비운 뒤
조기 울음소리
조기떼, 누런 울음소리
마을로 가는 것을 들으며
주인에게 음식이 너무 많다고만 하네

해질녘 탱고

산을 넘는 해를 보는 노인의 눈 속, 지난해 옮겨 심은 대추나무, 그 늙은 대추나무가 대추 하나 달지 못하고 몸살을 앓는다. 대추나무 가지에 거미줄이 쳐져 있고, 거기 걸려든 잠자리 앞에서 거미가 탱고를 추고 있다.

노을이 흔들린다, 흔들리는 노을을 잡기 위해 구절초 꽃을 바라본다. 길고 긴 목이, 막막함을 몇 번쯤 만났을 성싶은 가느다란 목이 날 애달프게 한다. 내년 이맘때쯤, 이 자리에 저 가느다란 목을 가진 노을이 무성할까.

추암 해수욕장 촛대바위, 저녁 햇볕을 주체할 수 없어, 젖가슴이 한쪽만 있거나 애꾸눈인 과부의 허벅다리를 생각하다가 술 취한 어부가 썰어준 회를 집으려는데, 젓가락, 주책없는 젓가락이, 뽀얀 속살을 보더니, 탱고를 추고 있다.

검은 고양이

참 검기도 하다
분리수거 통에 던진 병이 요란스럽게 깨지는데
검은 몸을 믿고 겁도 없다
대충 분리해놓은 재활용품을
속이 검은 나는 다른 눈을 피해 이 시간에 버리러 오는데

음식물 수거 부스는 항상 닫혀 있는데
무얼 먹겠다고 왔는지, 발 기술이 좋다
차곡차곡 꽉꽉 눌러 묶어놓은 봉지를 단숨에 풀어헤치는
빔마다 빛나는 회려한 발 기술
숲을 발명하고, 구름도 찢어놓고, 달나라 냄새도 맡을 거야

눈싸움을 했어, 내 패가 나를 사기 치고 있어
져버린 나는, 빈정만 늘고, 그러다 지치면
숲이 그리운 너에게 삶의 문신을 새겨주고
마을 전체를 쏘다니는 너의 더러운 발톱을 위해 네일숍에 데려가고
잠 못 이루는 독신녀의 털을 너에게 이식시켜주고
이 죄 묻은 마음으로 너를 다시 만나면 꼭 풀어줄 거야

늙은 사과나무

늦가을
사과를 가린 잎을 따다가
헛손질로 사십 년이나 되었다는
늙은 사과나무의 꽃눈을 따버렸다

손이 민망해졌다
다른 나무를 살피는 척
주인 노부부의 눈치를 살폈다
오랜 세월 속에서
가느다란 가을 햇살 사이에서

늙은 사과나무는
꽃눈을 밀어내고 있었다
잠깐, 내 잠깐 묵색여놓았던 마음을
다 써버려도 모자랄 것 같은 꽃눈이
숨을 참고 입동 바람 쐴 준비를 하고 있다

얼마만큼 불편하게 살아야 저 나이 들어 꽃눈이 나오는 걸까

욕하는 매미

장마철 밤 눅내는 정말 단단했다

집 안으로 날아든 매미를 딸애에게 만져보라고 하자, 찢어져 가시랭이가 된 새끼손톱을 건드렸을 때처럼 정말이지 기겁하고 도망쳤다

겁먹은 애한테 억지로라도 한번 만져보게나 하려고, 욕해놓고 스스로 웃는 매미 얘길 해줬다

솟구치는 웃음을 참지 못하는지, 잠자리 머리띠 밑으로 삐쭉삐쭉 삐쳐나온 잔머리 털이 따라 웃었다

욕하는 매미를 애는 밤새 손에 품고 잤다

애가 깨어나면서 손을 풀자, 매미는 어젯밤 들려줬던 욕을 시작만 하고 날아갔다

단단한 눅내는 깨졌다

한 시간

칠십대 노인이 방송국 십육 층 계단 통로에서 창을 보다
발걸음들이 분주한 통로에서 허공에 둔 시선이 부서지다

죽음을 보는 무표정과 살이 낀 내 표정이 마주치다
수산시장 바닥처럼 두꺼운 입술이, 끝까지 가보라고

그림자가 살 거푸집을 질펀한 곳에 옮기다

한 시간이 지나 가을비처럼 떨어지다
피의 장난이다

주황색 피가 하늘 한편에 비 묻은 작은 노을을 만들다
소방 호스로 뿌린 물에 핏방울이 튀어 노을비로 떨어지다
바닥에 닿기 전 눌변으로 파르르 떨다

등 굽은 할머니는 일수 찍듯 향을 꽂다

칠십 년은 시간이 사람을 가지고 놀고
사람이 산 시간은 겨우 한 시간
한 시간은 칠십 년보다 길다

시간은 죄다 장물이다

* 갑신년 늦가을 불교방송 십육 층에서 칠십대 노인이 투신했다.

꽃가루

먼지인 줄 알고 반쯤 닦다가 멈추었다. 왜, 하필, 여기 창틀에 눌러앉았을까. 하양, 노랑, 아니면 주황에서 나왔을까. 기억하지 못할 만큼 바랬다. 그렇게 한숨처럼 열고 닫았으면서도 못 봤을까.

어느 꽃의 꽃가루였을까, 빛을 잡아 하늘로 밀어올리다 폭발했을까. 몇 해를 놔뒀을까. 발코니, 탁자 위, 햇볕에 바랜 『무문관』, 빌려온 제삿밥처럼 천연덕스럽게 들어앉은 『무문관』, 우— 우 꽃가루. 열어달라는 말도, 여는 법도 잊었다. 책주는 그걸 아실까,

바람이 와도 묵묵부답이다. 매일같이 아파트 정문 안, 분수대 댓돌, 노파 한 분 넋 놓은 채 간신히 앉아 계신다. 딸아이 유치원 배웅에 마중에, 문고리 없는 문을 헤맬 때, 풀들이, 저 풀들이 수다를 떨면 꽃가루가 다시 날려 슬픔이 더할 것 같다.

누가 열어줬는지, 아니면 스스로 열고 들어왔는지 모른다. 하지만 때로 굳어져갈 뿐이다. 의뭉하게 아니 무표정하게, 그 무표정이 시선을 부러뜨렸다. 전혀 몰랐으면, 모르는 척이라도 했으면 좋았으련만, 그렇다. 땅모기떼에 발을 담그고, 게으르게, 게으른 게 상전이었을 텐데,

남은 꽃가루를 닦았다. 헛것이었다. 뭔가 쑤욱 빠져나갔다.

* 『무문관』은 선수행의 한 방법을 논한 책.

가짜 문

유리문을 얼굴로 밀고 들어와 사우나실에 널어놓은 빨래, 물이 뚝— 뚝 떨어지는 저 빨래, 노숙자다. 얼룩이, 마음의 얼룩 쉰내 풍겼다. 쉰내를 풍기며 기록은 뜨겁게 마른다. 선명하다.

사우나 문을 활짝 열어놓고 공기를 몰아내고 사람들을 쫓아낸 커다란 등짝, 그 등짝에 장미가 뜨겁게 피었다. 무얼 희롱하려 피었는지, 나는 협잡당한다. 저 장미에 맺힌 이슬은 그래도 영롱하다.

사우나 황토벽에 가짜로 만들어놓은 문밖으로 영혼을 내보냈는데, 몸이 뭘 기록하고 싶은지 수분을 밀어낸다. 인피지가 되었다. 문고리 없는 문밖을 서성이던 영혼이 다시는 들어오지 못할 것을 새겨놓고 있다.

풍경

뻐기는 듯 걸음을 걷는 개에게 끌려가는 저 여자 질질 끌려다니는 것을 참 좋아하나보다.

해 뜨기 전, 그림자가 생기기 직전
해 진 후, 그림자가 사라졌을 때

나도 이상한 것들에 끌려다녀봤으면 좋겠다.

하늘과 땅 이음새가 없는
풍경이 사라지는 곳

내가 억지로 끌고 다닌 것들이 확 풀려나갔다.

꽃 배달

좋아했다는 이유로 평생 화를 내도 참아내더군요.

좋아했다는 이유로 가시 돋친 주둥이로 얼마나 많은 곳을 지독하게 찔렀는지 모릅니다.

오후 햇살이 꽃집 지붕을 넘어갈 때 어김없이 줬던 통박은 분무기로 뿌려준 물까지 바싹 말려놨을 것입니다.

어느 날 영안실로 그녀를 보내려 몸을 다듬다가 괜히 눈물이 났습니다.

그녀의 뿌리가 잘려나간 것을 보고 새삼스럽게 내게도 뿌리가 없다는 것을 알았기 때문이었습니다.

그녀가 내 속에 들어오고 나가는 일들이 하도 많아서 그랬던 것 같습니다.

정말이지 늘 살아 있는 줄만 알았습니다.

내게 오기 전에 이미 죽어 있었는데도,

그래서 그녀는 스스로 물관을 막고 숨관을 조여 살아 있는 척했던 건 아닐까요.

영안실 한쪽 죽음 언저리에 세워두고 살아 있는 척하게 했다는 것은,

뿌리 없는 눈물에 꽃잎은 얼마나 더 바싹바싹 타들어갔을까요.

어디 제 목숨 다 살다 죽는 자 있으면 거친 숨소리라도 잠시 빌려와 숨 한번 크게 쉬게 해주고 싶습니다.

내 입이 없어졌다

젖은 담벼락에 얼굴을 대고 몸으로 숨을 쉴 동안 내 입이 사라졌다. 입 없는 것들이, 입이 없어도 하루 이틀을 산다는 것들이 뚜레쥬르 창에 걸린 브로마이드 속 커피 잔에 몸을 대고 죽었다, 입도 없는 것들이.

창가에 앉은 두 여자는 커피를 시켜놓고 입이 사라지도록 말을 해댔다. 오지를 찾아가는 다큐에서 원시 부족들의 말솜씨는 닳고 닳았다. 막대 사탕을 물고 주문을 외는 오지의 주술사 입을 TV가 먹어치웠다. 흙벽에 총을 세워놓고 점을 치는 원숭이 사냥꾼을 무료하게 바라보는 원숭이 입도 사라졌다.

오지는 없다. TV 속에서 주술사처럼 달의 주기에 맞춰 쉴 새 없이 떠드는 버락 오바마도 입이 없다. 입속에서 음흉하게도 끊임없이 치석을 만들어내고 단내를 풍기고 잇몸을 상하게 하던 숨겨진 말들도 없어졌다. 말이 사라지고 입도 사라져 허기마저 사라진 얼굴이 무한의 진공 속으로 날아갔다.

입 없는 것들이 날아다닌다. 그들은 하늘로 솟구치다가 다시 아래로 내리꽂혔다. 몸짓과 날갯짓은 그 밤을 달래는 주술이었다. 할 말이 없어 사라진 내 입, 젖은 담벼락에 몸을 대고 몰래 몸으로 숨을 쉬었다. 생각도 사라졌다.

성형수술, 코

사실은 밑동을 잘라낸 계수나무 옆, 바람에 가지가 한쪽으로만 쏠린 반달 모양의 다른 계수나무를 보면서 다른 세상으로 가는 길이 있을 것이라고 여겼다.

잎이 지고 싹이 나는 사이, 그 불균형한 나무를 보다 내 코를 만져봤다.
사춘기에는 뭔가 좀 짧은 듯해 버릇처럼 잡아당겨도 보았던 코, 지금은 길게 늘어지지 않아 다행이라는 생각을 하다가 가끔 욱하는 게, 콧구멍 보이는 데서 오지 않았을까? 아래로 잡아당겨봤다.
한때 사막을, 툰드라 지역을 건너면서 습도를 유지하기 위해 크고 좀 길었던 적도 있었을 것이다.
늪에서, 밀림에서, 동굴 속에서 째진 눈을 하고 간신히 목숨을 구걸할 때는 구멍이 넓었을 것이고, 질퍽한 습생(濕生) 탓에 낮고 짧았을 것이라는 코의 이력을 상상해봤다.
숱한 바람과 추위와 습기를 유랑하면서 오늘 내 코의 모양새가 만들어졌다는 결론을 내리면서 슬쩍 손으로 만져본 내 코, 성형의 이력이 아주 길다.

한쪽으로 쏠린 나뭇가지만큼이나 맘에 들지 않는 코를 만져보다가 계수나무가지에 달린 잎들을 보았다. 그 많은 잎들이 모두 제각각이었다.

달도 계수나무를 세워놓고 혼자 월식을 했다.

눈이 나무에 박혀 있다

왼쪽 작은 눈을 동그랗게 떴다, 우습다. 찢어진 오른쪽 눈도 동그랗게 떴다, 무섭다. 흡반(吸盤)처럼 내 눈을 빨아들이는 저 부담스러운 집중, 어느 땅에 뿌리를 내렸다가 잘렸을까? 마르지 않은 나무, 이 빠진 대팻날이 지나간 자리에 낀 얼룩, 구겨져 박힌 못대가리가 반짝거렸다.

사우나실 깔판, 자꾸 뒤틀린 게 남의 일 같지 않다. 거짓말처럼 습기처럼 허영처럼 흐르는 땀의 말들을 흘겨듣다가 속까지 뒤틀지 말았으면 했다. 토굴에서 말라 죽는 얼치기 도인의 몸뚱이, 단식하다 남겨놓고 떠난 장자(莊子)의 꼬인 내장, 허튼소리를 좇는 부처의 불단 같다. 고개를 들 수 없다.

눈과 눈 사이가 멀다, 고집스럽다. 동그랗고 작은 눈은 가시가 잘려나간 자리, 길게 찢어진 눈은 너무 뻗어나가 바람에 찢어진 자리, 비 들이치는 골방의 환기구처럼 얼마나 휑한지, 노안에 안구건조증에 시달리다가 더듬거리며 여기까지 와 깔판에 박혀 있다. 저 눈 속에 내뱉은 내 고해성사는 허상을 만났을까?

맨정신으로 보면 사라졌다. 몸속에서 뭉텅뭉텅, 덤벙덤벙, 우왕좌왕대다가 억지로 빠져나온 것들이 눈을 적셔놓을 때 습기처럼 현기증처럼 드러나는 눈, 기억의 좀도둑처럼 가만히 숨어 겨우 보여주던 눈, 지금까지의 내 모든 것들이 허상이라고 했다. 그 눈이 맛본 내 과거의 소문들과 불립문자(不立文字)를 잘못 튕겨진 먹줄이라고 했다. 땀이 채 마르기 전 파내버리고 싶은 눈.

늙은 자전거

꼴을 보니 어디 한번 제대로 달려본 적 없이 낡았다

그 유행하는 산악도, 딱 달라붙어 볼썽사나운 옷을 입은 중늙은이를 태우고, 그 흔한 국도 한번 달려보지도 못했을 텐데

함께 놓고 간 털모자와 잔돈 두어 개, 보아하니 태우기보단 끌려다닌 적이 더 많을 성싶은, 나 같은 술꾼일 텐데

놓인 자리가 담벼락을 돌아가는 곳쯤인 게, 그 모퉁이 돌면 겨울바람이 심할 것 같아 버려두고 간 주인이라면

다닌 길쯤은 어때서, 고속도로 배수구로 딸 우인이와 앞산 다니는, 여섯 살짜리가 산 이름을 물으면 그저 앞산이라고 얼버무려 말하던 산, 다니는 길인데

그래도 놓인 자리, 그 자리는 지난 늦가을 밤, 구절초 꽃, 그 하얀 구절초 꽃이, 별빛 아래서 하얀 서리를 맞으며 빛을 밀어올리던 곳이었는데

2부

마늘

베란다 벽에 걸린
빨간 망을 들자 하얀 몸이 정말 가볍다.
몸을 가지런히 모아 합장하고 있는 게 천 살쯤 견뎌낸 수행자다.
속이 빠져나갈 때까지
천년 동안 맵고 알싸한 것들은
서로 분자 단위로 나누어졌다가 결합하는 일을 몇 번이나 반복했을까.
모래시계 속 모래처럼
맵고 알싸한 것들끼리
천년을 비벼댔다면 몸은 얼마나 쓰리고 아렸을까.
안에서 밖을 괴롭힐 때 껍질은 어떤 거친 숨을 쉬었을까.
그래도 겉은 정말 멀쩡하다 못해 단아하다.
살에 말라붙은 껍질을 까다가
눈물이 나서 앞이 깜깜해질 때는 버리고 싶던 마늘.
해풍 맞은 안면도 마늘이라며
벌초 때 건네준 동창생의 맵고 알싸한 삶 때문에 몇 번은 더 까봤던 마늘.
이갈이를 하는 딸애가
그 알싸한 아픔에 중독된 손가락을
입속에 넣고 연신 송곳니를 흔들어대듯이 까던 마늘.
살던 중에 생긴 낯간지러운 기억이
몸 둘 데 없게 만들 때

나도 모르게 손이 갔던 마늘.
그러다가 남겨진 마늘 몇 개가
빨간 망 속에서 겨울을 다 못 채우고 옷을 빠져나갔다.

지하실의 TV

유치장에서 하룻밤을 새는 동안 경관은 뉴스 채널을 보다가 유치장 밖 인기척에 다큐 채널로 돌려놓기를 반복했다. 다큐 채널에서 새끼를 키우는 치타는 하이에나에게 쫓겨 바오바브나무 위로 올라갔다. 하이에나는 밑동이 배불러 하심이 두둑한 나무 밑에 웅크리고 있다.

사기로 들어온 스님과 꽃뱀에 물린 커피숍 아르바이트생, 촛불집회장에서 실려온 중년 남성, 이 지루한 반복보다 더 지루하게 고개를 숙였다. 뉴스 채널에서 다큐 채널로, 다큐 채널에서 다시 뉴스 채널로. 나는 지루한 반복을 놓치지 않고 반응하는 것일까. 옷 가게 진열장에 갇힌 밀랍인형처럼 서서 반응하는 나는 누구일까.

안이 밖이 되고 밖이 안이 되는 과정이 불분명해져간다. 뉴스 채널에서 총리가 쌍용자동차 점거 농성에 관한 담화를 내었다. 인도주의적 차원을 운운하는 게 내일쯤 끝날 것 같다. 불타협 본능은 무엇으로 억제할 것인가. 밤새 마른기침을 해대던 노파는 아이 손바닥만한 양은 도시락을 두 개나 먹고도 배고프다고 소리를 지른다. 타협하지 않으면 짐승이 된다. 경관의 반응은 리모컨을 만지는 손가락뿐이다.

바오바브나무 위의 치타는 새끼와 잠들었다. 그 아래 하이에나도 잠들었다. 평안하다. 난 불안하다. 누가 어디서 이

들을 조정하고 있는 것일까. 옥상에서 길들여져가는 짐승도, 지하실에서 밀랍인형이 되어가는 나도, TV도 하심이 조금만 더 있었으면 좋겠다. 상체가 좋은 바깥 인도주의를 조절하는 리모컨을 내가 쥐고 있다는 것을 난 모른다.

합성인간

벌써 며칠째다. 안개를 잡으려 철사 줄을 비틀다가 내 손가락이 비틀어졌다. 바지 주름을 세 줄로 잡아놓았는데도 헐렁한 자세로 서 있는 안개, 헐렁한 안개를 쳐다보다가 분별심이 부족해서 세상 적응이 더디다는 핀잔들이 떠올랐다. 단단한 알몸으로 헐렁함에 맞서면 단단한 게 불안하다. 쇠사슬에 묶인 모래시계 속의 모래들, 서로 알몸을 비비면서 현기증 나는 속도로 움직이고 있다. 이런 푸석거림 속에서 발생하는 단단한 회전운동, 나는 지금 시간이동을 하고 있다.

한때 푸른 초원에서 당당한 인진쑥이었던 것이 황토벽에 매달려 자꾸 헐렁해져가고 있다. 탈의실 캐비닛에 걸어놓은 헐렁한 바지 주머니 속, 통신이 두절된 주머니 속을 지금 잠깐 생각하다가 살아남겠다고 이를 악물었다. 그 찰나가 난처하다. 이 세계에서는 터럭만큼도 지각(知覺)이 없어야 한다는데, 벽에 걸린 인진쑥에게 거짓말을 하고 아무렇지도 않게 돌아앉아 시치미를 떼야 좌탈입망(坐脫立亡)이 될 줄 알았다. 생각이나 본성을 바꾸면 또다른 의식이 열릴 줄 알았다. 그래서 나는 지금 붉은 눈을 감추고 촉각을 숨기고 합장을 한 채 땀을 흘리며 합성을 하고 있다.

때밀이의 하얀 손톱을 보다가는 그만 박제사가 되고 싶었다. 느낌이 전달되는 것이 아니라 스미는 것이라면, 말을,

시선을, 감정을 조정할 수 있는 자, 세상에 살아 있는 것들은 모두 영매제로 만들 수 있는 자, 유체이탈에 능한 그 이름 박제사. 그 강렬한 경험들을 안개 속에서 쥐도 새도 모르게 실행해내는 합성인간. 이 허접한 공간 속에서도 식성을 바꾸고 내성을 키워 아무렇지도 않게 이뤄지는 빛나는 합성들. 안개 도시는 박제사의 슬픈 손톱으로 긁어 만들어낸 QR코드, 난 스스로를 박제시킬 줄 아는 합성인간이다.

전신마취

구름밭 옆 무덤을 지났다
살아서는 죽음을 넘나드는 일이라는 게
만만하지만도 않겠지만
죽어서는
삶에게 도대체 무슨 말을 또 어떻게 할까
염소섬의 염소들이
절벽에 한 무덤으로 모여
그 많은 장대비를 온전히 맞는, 그런 일쯤일까
잔디는, 그 무성한 풀숲에서 잔디는 만만치 않게 꼿꼿하였다
나는 황량하다
저 송장메뚜기는 가을 끝자락까지 날아갈 수 있을까
풀포기를 송두리째 들어내면서
해탈이라는 말이 왜 자꾸 떠오르는지 모를 일이외다
죽는 일과 사는 일
잡는 것과 놓는 것의 경계를
허무는 일이 해탈이라고 하더이까, 나는
간신히 아주 간신히
구름밭 한 귀퉁이 무덤가에서
조팝꽃처럼
허겁허겁 누굴 그리워하는 일일진대

군자란 꽃대

지난 한 해 동안
어디까지 갔다 왔느냐
플라스틱 화분, 그 우주
오존층을 넘어갈 때는 구역질이 나지 않았느냐
꽃별들이 볼 비빌 때
너는 눈을 어디에 두었느냐
꽃비로 몸을 씻고 나오는
저 들판의 거친 삶들을 어떻게 지나왔느냐
내가 떠나보낸 사람
그 휑한 가슴을 만났을 때
무슨 말을 듣지 않았느냐
나는 네가 떠난 뒤
베란다 타일에 쌓인 먼지
그 먼지 위에 발자국을 남기는 게 고작이었지
네가 떠난 것도
네가 돌아온 것도
속이 휑해져야 알 수 있었던 나는

흔들리는 것들

마음을 다 써버렸다
그래도 소멸을 모른다
지나간 바람도 태어나면서 소멸됐다고 했다
그래도 난 소멸을 모른다

돌담을 기어오르는 호박 덩굴처럼
느리게
누굴 그리워하다가, 나는
소진된 마음과
바람의 소멸을 생각했다
허나, 나는 마음이 흔들리는 것을 봤을 뿐 소멸을 보지 못했다

마음을 다잡을 필요가 없어졌다고 생각했다
흔들려야 중심이 생기고
흔들려야 살아 있는 것 같은
그래서 자꾸 흔들어댈 수밖에 없는, 흔들려야 사는 것들
그 중심은 어떨까

마음이 흔들리는 동안
나는 비워진다는 것과 비운다는 것조차 잊기로 했다
그런 밤에는 하얀 꽃들이 유난히 물을 많이 품고 있음을 보았다

밤새도록 울어야 할 저 꽃들이
그리워하는 것은
그래도 나는
내게 숨겨진 것들이 무얼 그리워하는지 도대체 모른다

성씨네 양조장집 돼지

양조장집 돼지는 술 찌꺼기를 먹고 중소만큼 커버렸다
술 찌꺼기를 먹고 헤멀건한 돼지 궁둥이는 늘 취해 있다
돼지 궁둥이는 무정형의 덩어리다
배설물을 깔고 앉은 무정형의 덩어리가 파르르 떨고 있다

붉은 돼지의 눈빛을 흘겨 살피던 아이
쪼그리고 앉아 멍석에 널린 술밥을 뭉쳐 입에 넣는다
발끝이 저리다 못해 궁둥이까지 마비되고 있다
아이의 궁둥이가 돼지의 궁둥이처럼 취해간다

돼지도 아이도 궁둥이를 잃어버렸다
술 취한 궁둥이들이 소리를 내지른다
기억을 유린해내던 나는 나를 그림자로 놓고 아직도 나는 거기에 있다

오래된 바람

마음이 술렁이네
사시나무를 간신히 기어오르던 매미는 벙어리였네
울지 못하니 보지도 못할 것 같아 살금살금 다가갔다네
무엇이 그리 고되어 울지 못할까
그리움을 삭히기 위해 한쪽으로만 뻗은 나뭇가지에서
젖은 몸을 털며 소리 없이 내뱉는 울음, 아주 오래된 바람
바람이 나뭇가지에 걸려 있는 것을 보았네
떠나지 못하는 게 아니라 떠나지 않고 있었네
지나는 것들이 각기 제 소리로 유혹하지만 그 자리에 있네
오 오! 이런, 숨죽였던 마음을 간신히 내뱉으니
매미가 울음보를 터뜨렸네

술 한잔하게나
—이원규 시인에게

지네에게 물렸던 자네는
지리산 보건소 간호사가 예쁘다고
지네에게 한 번 더 물리고 싶다 했는데
지네는 쌍으로 다닌다는 말이 생각나
이불을 털어보니
검푸르둥하게 실한 놈이 나왔기에
그날 밤 자네가 지네에게 물리는 바람에
먹다 남겨둔 이 홉들이 소주병 속에 자네 몰래 쑥 집어넣었다네
지네에 중독된 자네는
지리산을 돌아다니는 게 싫증 나면
오토바이를 타고 서울에 오곤 했는데, 요즈음도 그런가
삼보일배는 자네 마음에 자네가 질러서였겠지
철엽을 해서 갔다줬던 생선을
이제 마을 노인들도 물릴 때가 된 것도 같은데
그럴 만하면 그때 그 열무밭
질기디질겨서 김치도 못 담갔던 그 열무밭
왼쪽 가슴을 파보게
지네 술이 있으니
꺼내서 한잔해보는 것은 어떨는지

쉽게, 아주 쉽게

살아도 저녁노을이 예뻐서 살아 있다는 생각이 안 들어
;그래 난 환풍기 도는 것을 보다가 가을까지 봤어

노을 앞에서 새싹 비빔밥을 젓가락으로 비비는 일이라는 게, 그래
땅 맛도 보기 전에 벌건 고추장에 참기름에
;낮술에 건들 취해 해해거리며
나 아이 같지 않아

마음의 끈을 자주 놓는 것이 삶이라고
;하늘에 새 한 마리 날아가자 어둠이 찾아온다고
물색없지 않아
봄날, 나무들의 수다를 막는다고 거꾸로 심을 순 없잖아

강물이 울고 있어, 곧 비가 올 것 같아
;그래, 마음에 걸리는 게 있으면, 노을에게 시간이나 물어봐
노을 속에서 그 새싹들이 다시 살아나 슬픔을 더해줄지 누가 알아

디지털의 흔적

불 꺼진 부엌, 나는
밤마다 방황하나니
정수기, 냉장고, 시계, 오븐, 정화기, 가습기……
그 푸른 LED 불빛
푸른 바다가 되어 나를 감시하나니
그래도 바다에 빠지지 않고
방황은
벽을 통과하고
유리를 통과하고
어떤, 배꼽 피어싱이나
그 남자의 눈썹 피어싱
이 불편하기 그지없는 편력들
나의 방황은 묶이지 않을 것이니
방황은
캔 맥주 뚜껑처럼
어디에 둘 줄 몰라
캔 속에 도로 집어넣었나니
불 꺼진 부엌에서
바다처럼
선명하게 흔들어도 괜찮을 것이니
나 또한 선명할 필요가 없어졌네

헛것

헛것을 보는 건 아닐는지요.
한일병원 계단 옆 휠체어 통로에서
할머니가 휠체어를 타면서 함박웃음을 짓는 것

밤섬 한가운데 못처럼 종자물로 남겨져
꼭 무당같이 불편하게 살아야
잠시라도 어느 세계인가 들렀다 와야
간신히 살 수 있는 것, 헛것을 보는 건 아닐는지요.

며느리가 휠체어를 밀며 함께 깔깔거리는 것
정말, 헛것은 아닐는지요.

몇 번인가를 반복해서 밀어주던 며느리
"어머니 나도 한번 태워주세요"라는 말을 엿듣다가
나는 그만 제풀에 눈치가 얼마나 빨라졌던지
시집살이하다가 소박맞은 사람이 되었습니다.

온정리 옥수수밭 한가운데 우물

우물을 타고 온 새벽이 우물을 들여다봤다
어이없어라
조용한 하늘이 빠졌다
이런, 누가 하늘 속 깊이 빠진 그림자를 건져줄 것인가
이랑을 타고 와 하늘에서 세수를 하고 가는 사내의 낯설고 휑한 몸짓
투전판을 전전하다 외숙모에게 끌려온 외숙부는 그냥 늙어간다
결 고운 바람이 우물에서 생겼고
우물 밖 옥수수밭이 서쪽부터 솟구쳐오를 때
이 터무니없는 것들을 우물에게 말하는 할매

바람이 우물 속에서 나온 결 고운 바람이라는 말이 참말일까
할매가 육십 년간 하도 심심해서 귀가 멀었다는 것도 참말이겠지
옥수숫대가 우물을 향해 물결처럼 흐르다가 짐짓 멈추었다
말을 더듬거려야 했다
할매가 소와 말하고 벽과 말하고 우물과 말하고 그림자와 말한 것은
속을 비워내기 위해서였을까
세상 물건들과의 일들을 우물에다 얘기했다
죄다 할멈의 것이 된다는 게 사실일까

할매가 지나가던 시간을 잡고 말할 때, 조용한 우물이 환해졌다

새

새 한 마리가 날아간다고
하늘이 어두워질 줄은
그깟 새 한 마리 날아간다고
숲의 나무들이 수다를 멈출 줄은

발끝으로 걸어야 했다.
새의 날개깃처럼

발끝으로 걸으며
제 몸을 무거워해야 했다.
무엇이, 어째서 마음에 걸리는 게 있다고
숲에게 시간을 물었는지 모르겠다.

어이쿠, 이 어둠이 작은 물웅덩이에서 시작될 줄은
가슴속에 그 어둠 죄다 품고 있을 새는

새를 쫓다가 그 모양새로 하품을 했다.

사라진 우체통

가을을 붙잡기 위해 감을 말린다는 편지를 들고 한일병원에 갔다. 로비로 들어가는 문 우측에 우두커니 서 있던 그 우체통이 사라졌다. 지난 늦가을 입원해 있는 동안, 있다는 것만으로 가을이 떠나지 못했는데.

눈 맞추면 우렁 껍데기처럼 머쓱한 웃음을 흘렸던 빨간 우체통이 사라졌다. 얼마나 불편했을까. 병실 창문에서 나온 밤눈들 앞에 우두커니 서 있다는 것이 부끄러웠던 걸까. 채울 수 없는 허기를 채우려 편지를 쓰는 사람들, 주소 불명이 되어버렸다.

나뭇잎이 바래가는 것을 견딜 수 없었을까. 속을 비워 겨우 밖을 택한 사람들을 따라간 것일까. 사라진 그 자리에 우체통처럼 서 있던 나도 내가 아닐진대.

노스페이스 팩토리 아울렛

노스페이스 팩토리 아울렛에 갔다
옆집이라 갔다
멕시코 혈통에 아프리카의 내력을 지닌 직원이 말했다
한국 사람들은 한번에 만 불치씩 사가는 사람들도 많다고 했다
그 정도는 사라는 투였다
자꾸 속물스럽다는 생각에 전문 산악용품 전시장을 서성거렸다
그가 다시 다가와서 에베레스트에 가봤냐고 했다
그의 얼굴을 빤히 쳐다보며 "예스"라고 했다
마치 독립운동가가 되고 싶어 식민 시대를 기다리는 대답 같았다
민망했던지 그는 명함을 주며 계산을 할 때 자신이 도와줬다는 말을 해달라고 하고는 자리를 떴다
그가 지금 느낀 느낌과 생각, 내가 느낀 느낌과 생각 들을 서로 바꾸면 어떨까 하다가 떠올린 말들
검단산, 요세미티, 히말라야
노스페이스, 큰 바위 얼굴, 고향집의 나른한 오후
아무리 바꾸어놓아도 사람이 빠지면 거짓말이 되지 못하는 말들
그와 나의 느낌과 생각과 직업을 맞바꾸어도 다르지 않을 "예스"라는 거짓말

3부

가을리

함석 차양 밑 토방에 앉아서
유채꽃 피고 보리꽃 지는 것을 보다가
가을을 훔쳤다.

나이가 들면 나와야 할 집이
시간이라고 하는 말을

나이는 시간을 비우는 것이라는
함석 차양에서 떨어져 발등에 찍히는 햇볕의 말을

마른 까나리를 들고
고개를 갸우뚱거리는 햇볕 사이로
끈적한 갯바람이 걸어가고 있다.

낡은 유모차와 할머니

이 골목의 아침은 자기 말만 늘어놓고 슬그머니 사라진 흔적들이 나뒹굽니다. 고되고 고된 것들이 뱉어낸 구겨진 말들, 조합해보려고도 했지요. 구겨진 담뱃갑, 카드 영수증, 무가지 뭉치, 대리운전 광고물, 정말이지 지나가고 싶지 않은, 사라지기도 뭐한 좁음과 넓음, 허허벌판, 어디 감당이나 하겠는지요.

담뱃갑을 굳이 구겨 버리는 이유는 무엇일까요. 눈을 슬쩍 감으면 이 허접한 곳은 그대가 살던 곳, 이미 사라진 길을 낡은 유모차를 끄는 할머니가 지나가곤 합니다. 어떤 예쁜 당나귀가 타고 다녔는지 할머니는 가만히 밀고 와서는 전봇대 표시판에 끼인, 배수구에 반쯤 걸린, 불법 주차된 차의 윈도 블러시에 걸어놓은 허접한 것들을 수거해가곤 합니다.

일용할 양식. 할머니의 낡은 유모차에 실린 미치도록 가벼운 것들은 정말이지 일용할 양식이겠지요. 골목은 다시 좁음과 넓음, 허허벌판이 되어버렸습니다. 기린이 물구나무를 서고 있는 귀걸이를 한 여자와 다크 서클이 얼굴 전체로 흘러내리는 남자가 서로 바라보듯 허허롭기만 한데요. 저승 같기도 하고 이승 같기도 하고 산처럼 멈춰 있기도 한 이 뒤숭숭한 골목을 어떻게 지나가야 잘 지나갔다고 할 수 있을까요. 가당치도 않은 이 한평생.

집 한 채

붉은 땅에서 붉은 집을 짓고
바위산이 보이는 곳에서는 돌집을 짓고
논밭이 지천인 곳은 초가를 짓고
사막에는 벽돌집을 짓고
산모퉁이에는 나무집을 짓고 살아도
나중은 회색으로 변해갈 텐데
사십 센티만 파도 붉은 흙이 나올 이 땅에서
처음부터 회색 옷을 입고
회색 집을 짓고
회색 페인트를 칠해대니
회색으로 된 마음이 없으면
집 한 채 갖기 힘들 것 같아서
회색 시를 쓰고 있다

왜가리

비 그치자
녹천역 근처 중랑천 둔치에 할멈이 나와 계시다
열무밭에 쪼그려 앉아 꿈쩍도 안 하신다
밤에 빨아놓은 교복이 마르지 않아
젖은 옷을 다림질할 때처럼
가슴속에 빈 쌀독을 넣고 다닐 때처럼
젖은 마당에 찍어놓고 새벽에 떠난 딸의 발자국처럼 앉아 계시다
비 그치면
노을에 묶인 말상처럼
열무밭에 앉은 왜가리
기억이 묻은 마음 때문에
물속만 가만히 내려다보고 계시다

참새, 디에고

기울어져가는 과달루페 성당
비스듬하게 서서
슬금슬금 부여바람 쐬는 척
문살 두 개 정도가 부러진 문을 여는 것만큼 허하다

광장 끝에서 둘러보면
가까이 있는 것들만 기울어져 있을 뿐
멀리, 아주 먼 곳은
무너져내리기 직전, 그 아찔한 치우침은 없다

본디 무딘 것이, 무뎌져야
어느 한쪽으로 치우쳐 있어도
부끄럽지 않을 텐데
너무 민감하다, 멀리 보아도 생각은 기울어져가고 있다

성녀, 그 무표정한 얼굴 앞에
저 간절한 사람들 앞에서
뾰족하게 날을 세우고 튀어나온 말
—미련한 디에고, 저 치우친 마음이 성녀를 만들었다

참새 한 마리 죽어 있다
광장을 벗어나는 비탈
치우침이 똑바로 보일 만큼 비스듬한 곳에서

머리를 언덕 아래로 두고 죽었다

기울어질 것도
더이상 치우칠 것도 없는
소리를 지르면 떨어지고 말 비탈에
죽음이 헛것을 보는 것이라면 그걸 불문에 붙이더라도
참새 때문에, 죽은 참새 때문에
자꾸 비탈진 곳에 발길을 대고 있는 나는

토마스의 집

그 집에 가면 밀물과 썰물이 밥상을 차려놓는다
집 앞은 사내들이
집 뒤에는 여인들이 줄지어 있다
여인들 중에 만삭인 이도 있다
나면서 기일이 될지 모를 태아는 줄 선 기다림들을 어떻게 보낼까
땅모기 같은 시간에 쫓겨와서는
줄 틈에 끼인 저 조용한 노인도 평생이 아쉬울까
오랜 시간과
나면서 기일일지도 모를 짧은 시간이
토마스의 집 주변에서 노숙을 하고 있다
출근 시간을 맞추기 위해 나는
버스 전용차선을 달리다가 토마스의 집을 볼 때면 소스라치고 싶다

가을을 타다

개울을 지날 때는 물고기를 꾀어내기라도 했으면
빈집을 지날 때는 씨고구마라도 삶게 했으면
눈으로 물잠자리를 잡았다 놓았다만이라도 했으면

문살이 한두 개 부러진 문을 들여다볼 때처럼 마음 다 써버리는 일이었다네

싸리 덤불을 새가 흔들어놓아도
바람에 흔들리는 마른풀 위의 고추잠자리를 보아도
양떼구름이 흘러가는 물을 물고기가 흔들어놓아도

간신히 잡고 있는 마음을 흔들어놓은 것은 여자였다네

줄

양은 냄비 안에서 대합탕이, 그 뽀얀 국물이
여자의 손을 자꾸 유혹하네.

입술이 도톰한 여자는
보기 민망할 정도로 입을 덤벙거리며 대합국을 참 잘도 떠넣네.

남정네는, 옆머리를 길러 대머리를 어설프게 감춘 왼손잡이 늙은 남정네는
대합탕은 안중에 없고, 고개를 옆으로 돌려 여자의 입술만 쳐다보네.

남자가 왼손잡이인 것을 알아차린 여자는
왼손으로 대합 국물을 떠먹는 게 어설프기만 한데
그래도 남자 다루는 솜씨, 참 좋네.

그 뱀을 본 적이 없다

바다뱀을 보지 못했다
조기 울음소리가 마을까지 들리는, 그 밤에 잡았다는
귀가 달려 있고 발에는 물갈퀴가 있다는
무임승차를 했다가 열차에서 뛰어내려 몸이 비실거리는 가의사의 몸보신을 시키겠다는
동티 날까봐 철통 안에 숨겨놨다는
그 뱀을 보지 못했다
비 오는 날 술집 앞을 지나는 알코올중독자처럼
세상을 잃어버렸을 때만 찾아온다는, 그 뱀을 난 본 적 없다
몰래 찾아간 그 집, 댓돌 위에 놋쇠 요강이 누렇게 익어 가고 있었지
기둥에 걸려 있는 작은 거울
그 거울 속에서 똬리를 풀고 나올 듯했는데
그런 거짓말을 품고 산다는 게
그 거짓말이 아니었다면 세상이 끝났을지도 모른다는 게
마른 나무통을 매일 두드리는 일 같아서

개명

내 이름이 낯설다
설정된 거리에서 내 이름을 부르면
물속을 뒤지다 물뱀에게 손가락을 물린 것 같고
설정된 거리를 벗어나면
흉터를 모으는 일이라는 게 얼마나 고되던지
어머니는 왜 내 이름을 지어놓고서 부르지 않았을까
이름 없이 사는 방법을 그때 터득했어야 했는데
내 이름은 나를 얼마만큼 알고 있을까
내 이름이 부담스럽다
이름은 나 대신 많은 것을 겪고 불평하고 있겠지
저기 다세대주택 이 층 구석에 처박힌 작명소
지금도 이름을 사육시키고 있나니
개에게, 술집에게, 풀들에게도 이름을 주고 있나니
완전한 사육이 따로 있겠는가
사육되고 있는 내 이름도 언제인가는 팔려나가겠지
뼛속이 너덜너덜해질 만큼 얻어맞는다면
어디 유전자 변형이라도 시킬 수 있다면
변칙적인 운명의 주기를 알고 있기라도 하면
그래도 모든 일은 늘 되풀이되겠지
이름을 마땅치 않아 하시고 칠순의 효환이 어머니는 개명을 했다는데
이 터무니없는 말을 안 믿는다고
언제 이름대로 산 적 있었는지

섬강 버들

내가 왜 이 섬강 변에 왔나
강변에는 길게 늘어뜨린 버들가지가 앙상하다
추위도 떨게 하는 앙상함
나는 나무 아래서 축 처진 말들을 듣는다
머리를 노랗게 물들인 노숙자 P씨는
언 손가락을 비비며 커피를 배달시켰는데
배달 나온 아가씨와 눅내 풍기는 그 허허로운 일을 벌이고 있는데
이 섬강 변에서 듣는 말들이 내가 그동안 지껄인 말의 전부가 아니기를
나는 어떤 노숙을 피해 여기 섬강 변에 왔나

섬강 변에, 길게 늘어뜨린 버들가지는 또렷한 그 앙상함에, 추위마저 떨게 하고 있을 것이다. 버들가지 아래서는 더듬거리는 말을 노랗게 물들인 노숙자 P씨가 언 손바닥을 비비며 커피를 배달시켜 먹을 것이다. 배달 나온 아가씨와 저 눅내 풍기는, 그 허허로운 일에도 아랑곳하지 않을 나무여. 봄이면 어김없이 싹을 밀어내 섬강 변을 채워놓을 것이다.

눈치

투다리, 억지로 꿰맞춰놓은
어설픈 문양
길 건너 노래방 간판
사진관 유리 안에 걸린 사진
어설퍼서

너무 어설퍼서
죽은 나뭇가지에 붙은 매미처럼
나무가 살아 있다 여기는 매미처럼
너무 어설프게 살아서
머리숱이 굵고, 눈썹 짙고, 목소리가 기름진
남정네의 큰 목소리는 듣고 싶지 않을 줄이야

습관적으로
어설픈 걸 밝히다 들인 습관이
의자 두어 개, 그 구석에 귀를 대도
아무것도 들리지 않았다
불안하다, 불안해하는 것이 불안하다

나오던 차에
맥주에 소주를 타 먹으며
정환이 형처럼 거리낌 없이 노래를 불러대는데
그 소리를 파먹고 사는 사람들이 얼마나 많았는데

왜 들리지 않았을까

서성이는 것들

대구잡이를 하고 싶다는 생각을 하다가 낡은 담장에 붙은 풀들이 무성한 것을 보았다
마루 끝을 서성이던 여인이 방에 들어가는 것을 보았다
마루에 남겨진 그림자가 누군가를 기다리고 있다
대구잡이를 나갔다가 영영 돌아오고 싶지 않아졌다
마루에 남겨진 여인의 그림자도 방으로 들어갔으면 했다
우물이 하늘을 들여다보고 있다
나뭇잎에 붙어 있던 바람이 방향을 틀자 나도 비틀거린다
이렇게 서성이는 것들, 슬픈 빛들을 잡아먹는 저것들이 꽉 차 있다

동굴을 들고 다닌다

나는
동굴 속을 자동차로 다녔다.
동굴이 시키는 대로
동굴이 말하는 대로
동굴 속에 있는 큰 목소리를 누가 쥐고 있는가.
동굴 속의 작은 목소리는 누가 먹었는가.
털구멍, 흉터, 점
그곳에 들어가
그녀를 만나면
아무도 되돌아 나오지 못했나니, 나는
그런 위험한 동굴을 들고 다닌다.
그 속에서 어떤 일이 일어나든지 간에
난 참 편리하게 떠들고 다닌다.
날 때부터
동굴을 지니고 다녔으면서
아직 한 번도 들어가본 적 없는

살구꽃 지는

바람 한 점 없이 살구꽃 지네
무심하다
연분홍이야라고 말하려는 나도 참 무심하다
바람 한 줄기 얼굴에 닿아 간신히 피었는데
바람은 아직
내 몸속을 빠져나가지 못했는데
살구꽃은 지고 있다
이 밤
무얼 생각한다는 게 정말 무심하다

호랑거미

어제까지만 해도
저게 기어와 긴 다리로 내 몸을 움켜쥘 듯했다.

헐어놓으면 언제 쳐놓았는지, 다시 옥죄여놓는 강박
에어컨 실외기 바람이 나오는 곳,
허공에서 날아온 나뭇잎이나 붙잡는, 하필
줄을 쳐도 거짓말에, 뜬소문에 무두질당하면서
이름값도 못 하고, 저리 헛배를 불리고, 속을 흔들어가면서
다시 나이를 갈아치울 준비를 하고 있었다.

홧김에라도 떠날 것이지,
뜬소문을, 붙잡은 나뭇잎을, 거짓말을 버리지 못하는 것은
살 속을 파고드는 문신을 즐기며 독거미 소릴 들으려고?
애 건달 침 뱉듯 독 뿜어보려고?

그런 강박이면 추위쯤은 견딜 줄 알았다.

겨울이 시작된 어느 날 살아 있는 척 죽어 있다.

4부

동고비
—박경순 인형께

가을 햇살이
잣나무 잎을
빗살무늬로 빠져나오고 있습니다
올해 태어난 듯
빼꼼한 동고비 한 마리
제 몸보다
네댓 배쯤 돼 보이는 잣송이를
뽀얗고 여린, 햇살 같은 발가락으로 움켜쥐고
잣을 빼먹기 위해 바동대고 있습니다
잣을 물고 욕심을 부리자
그 큰 잣송이가 통째로 들렸습니다
어느 햇살 아래서는
한두 해가 아닌
아주 오래오래
묵새겨놓은 마음이 있어
우주를 들어올리고 있을 거라는 생각에
마음 후련해해봅니다

겨울, 바다

바닷가에 앉아
행여 어지럼증이나 맛볼까
가만히 눈을 감아보았는데
저 넓은 모래밭
길고 얇은 다리를 가진 물새
겨울 갯바람을 종종걸음으로 견뎌내고 있었네

쑤욱 빠져나가는 것들

시작은 그리움이었습니다.

그게 영그는 모습은 빈 입에 바람 한 점 넣고 오물거리는 일이었습니다.

그리움을 갖고 사람을 간 보는 일이라는 게

생인손 앓다 손톱이 빠져버린 그런 손가락으로 흙벽을 더듬는 일이었습니다.

꼬리를 떼어낸 도마뱀이 돌 틈에서 햇살을 받아들이는 걸 보았습니다.

이 허한 사랑을 언제 벗어날 수 있을까요.

봄

지나가는 바람마다
각기 다 제 소릴 지르는 봄 저녁
살아 있다는 생각이 들지 않아 좋았다

노을 속으로 사그라지는 외로움
잡으려 해도 잡을 수가 없어서 좋았다

지나가는 봄바람 때문에
물고기가 살아남을 종자물까지 말라버릴 것 같아서 좋았다

생각의 끈을 잡게 하는 것들이 아직도 있다

바다

달이 두 번 떴다 새알을 두 개 훔쳐 먹었다
탁란이었다 달을 온전히 받아들였다
물 아래서 모래들은 제 살을 깎아 물 위의 흉내를 냈다
수평선이 절벽처럼 다가왔다
막막하다
바람이 방향을 틀었다
바다가 이토록 슬프게 나를 지나갈 줄을, 어지럽다 소스라친다
그리워하는 것도 일이다
어지럽다
그리워서 허기가 졌다
나중에 알았다 결핵을 앓았다는 것을
몸은 몰랐다고 하지만 마음은
그렇게 답답하게 사는 법을 바다가 가르쳐주었다
바람이 멈추는 시간이 되어서야 마음을 냈다
다행이다
물에 뜬 달을 밀어내지 않고
비켜서 떠내려가는 나는 어디에 무엇으로 다다를까

하얀 꽃

밤새 시끄럽던 그 집에 하얀 꽃이 피었다. 그 집은 인기척이 없다. 무슨 일이 있었을까. 무당이 굿을 하고 떠나면 집은 저렇게 나직하고 하얀 꽃만 남겨지는 것일까. 몸속에서 연일 빨갛게 피는 꽃 때문에 집을 떠나야만 했던 여인이 떠날 때도 하얀 꽃이 피었을까. 무성한 여름은 아직 끝나지 않았다. 무성한 나무, 그늘마저 무서운데, 너무 무성하면 꽃도 열매도 없다는데, 하얀 꽃이 피었다. 오래된 내력을 지닌 빈집에 핀 하얀 꽃을 본다는 건 눈이 멀 지경이다. 지나치듯 어설프게 이곳까지 온 내가 왜 하얀 꽃을 뚫어져라 보는지 알 수 없다 집은 얼마나 많은 사람들을 보내고 들였을까. 손에 들고 온 것은 무엇이고 쥐고 나간 것은 또 어떤 것일까. 저 집에 내가 들어가면 아무 일도 없을 텐데, 너무 아무 일이 없어서 모든 내력이 사라질 것이다. 나무 아래 하얀 플라스틱 의자와 함께 졸다가 어디론가 슬며시 떠날 수도 있을 것이다. 그래도 바라보면 눈이 멀어버릴 하얀 꽃은 필 것이다.

태양의 돌

허리가 짧은 사내, 복부가 두껍고 머리통이 작아 좌탈입망하기 딱 좋은 사내, 그림자를 만들기 싫어 태양 아래 앉아 있는 거만한 사내, 등을 오른다. 무겁다, 정신의 끈을 놓아야 살았다는 사람, 정신의 끈을 아예 놓고 돌의 끈을 잡은 사람, 돌을 만지다 끝내 그 돌 속으로 들어가 돌이 된 사람.

마음에 걸리는 게 있어 바람에게 묻는다. 그 돌 속에 들어가본 적이 있느냐고. 돌무덤으로 오던 바람이 무덤가 숲속에 들자 나뭇잎들이 뒤배를 하얗게 뒤집으며 종작없이 덤벙인다. 소나기가 내리는 여름이다. 바람에, 구름에, 비에, 햇빛에, 계절에 덤벙대는 나는 태양의 돌에 붙어 겨우 지각(知覺)을 하고 있다.

늦가을

종일 할머니와 싸워대던 강 어부네 집 아이
대문 밖으로 나와 두리번거린 후
오줌을 누다가 낙엽 떨어지는 소리에 놀라
성급히 바지를 올리고 대문 안으로 들어가버렸다
가까이 보이는 산보다
멀리 희미한 그림자로 보이는 산이 더 묵직하다
어디 바람이 모이는 곳쯤에
상갓집 하나 생겨 가보았으면 좋겠다

여름을 허락하다

봄이 갑니다
딸기가 광주리에 담겨져 나온 모습
딸기 하나를 입속에 오물거리고 싶다는 생각으로
봄을 보내고 여름을 허락합니다
해마다 묵새긴 마음을 가지고
한두 개 정도의 문살이 부러진 문을 여는 일처럼
봄을 보내고 여름을 허락합니다
나보다 더 쓸쓸한 사람을 곁에 두고
마음을 달래는 일처럼
봄을 보내고 여름을 허락합니다

선인장

구릉에
혼자 버리고 간
낡고 천한 옷가지를 걸치고
아즈텍의 신전을 지켜본다는 건
견디기 힘든, 떠밀리다시피
겸연쩍은 발걸음으로 다가와서는
당당히, 민망스러울 정도로 너무 당당히
사진을 찍고 있는……
참, 견디기 힘든,
어깨 위로
사라진 아즈텍의 신들이 날아들고
어깨에서
다시 사라져가는 아즈텍의 신들
속에서 울음이 돌기 시작할 때는, 너무
지나치게, 너무
오래 서 있었다는 부끄러움

경비원 정씨 아저씨

궐련을 비틀어
창틀에 두는 것을 보았다

새들이 모이인 줄 알고 쪼는 것을 보았다
무당벌레가 움켜쥐는 것도 보았다
먼지가 잔뜩 달라붙는 것은 습관의 잔해였다

날아다니는 것들에게는 남의 것이 따로 없구나
백오십 미터쯤 되는 담배 가게
정말 가기 싫을 때는
가만히 라이터 불로 필터를 슬쩍 지져서 물고 싶은데

정작
아저씨는 능선 밭을 넘어가던
부풀었던 검정 비닐봉지가 바람이 빠지듯
그림자를 끌고 넘어가던 이모
그 이모의 자식들이 몇이나 되는지 잊었다

철거된
원주극장 영사실 창틀이며 틈새란 틈새는
집거미 알처럼
얼마나 많은 궐련들이 비틀린 채 부화를 꿈꿀까

여고 때 극장 출입을 하던 부녀회장이
단지 내 학원 버스 출입 금지를 놓고
아저씨를 닦달할 때
어쩔 줄 몰라 하는 아저씨
이럴 때는 정말 비틀어진 궐련 한 개비 꺼내주고 싶다

전각

정초
두 해 만에 만난 도윤이 형
약속 장소를 전각쟁이 집으로 잡아
생전 처음 전각이라는 걸 구경했다
어떻게 하면 잘 보일까
어떻게 하면 어색하지 않게
이 불편함을 넘길까
궁리 끝에
불가리 매장에서
마누라의 허영을 볼 때를 떠올려
그 표정으로 감상했나니……
몸이 없어졌다, 정말 명료한 느낌, 불가리 시계
명언이었다, 주는 대로 받아먹던 불가리
그 어떤, 민중미술품
그날 밤
분명
싸늘한 전갈자리
섬광을 일으키며 하늘을 갈라놓았을 것이다
숨통을 조였다
불가리 시계
가격, 신상품 전각들……
중학교 때 입시 원서에 찍었던
옆자리 관석이가 파준 고무지우개 도장

그 허술함, 보다……
더
목적이 명료한

꽃의 영혼

사람에게는 영혼이 없다고 믿는다
그런, 나는
바위에게
나무에게
물에게
바람에게
땅에게
하늘에게
영혼이 없다고 믿는 나는
왜 꽃의 영혼을 하염없이 기다리고 있을까

서재

서재 불을 끄고
책장의 책들을 더듬으며 빠져나온다
손가락에 걸리는 책들 몇 층쯤 될까
올려다보았는지
내려다보았는지
수평 에스컬레이터
새벽녘까지
처박혀 있다 나오는 나는
내가 책인 척해본다
한심하다

여름과 가을 사이

산사나무 빨간 열매
그 아래
하얀 옥잠화
옥잠화 꽃대 위 고추잠자리
누가 만져도 흥분하지 않을 그 옆을
어린 소녀
세발자전거를 타고 지나간다.

여름과 가을 사이, 그 환한

길

저승길이 있다면
굽지 않고
언덕도 없고
바람도 없고
지평선이 되어버린, 데스밸리 사막 가는 길.

물도 없이
뛰지도 못하고
쉬지도 못하고
뜨거운 사랑을 피해서 살아온 만큼
백년쯤 혼자 뜨겁게 걸어갈, 길.

* 2011년 6월 중순 캘리포니아 데스밸리 사막이 폐쇄되기 하루 전날 혼자서 여행을 하였다.

내가 살아 있다고 느꼈을 때

내가 살아 있다고 느꼈을 때 그 사막에 난 길에서 쥐떼와 도마뱀들은 로드 킬을 당했다.

그 사막에 난 길은 모퉁이 하나 없고 언덕도 없고 어떤 생각을 낼 겨를도 없는 길이었으며 그 길을 한 백년쯤 투박하게 걸어가는 게 저승길이라고 느껴지는 것도 내가 살았다고 느꼈을 때였다.

내가 살아 있다고 느꼈을 때 사막에 난 길 위에 차를 버리고 싶었고 몸이 실린 말도 잊고 싶었고 지평선인 그 길을 외면할 수 없어 걸어가고 싶었고 이 세상 어디에나 길은 있었지만 나는 길을 잃고 싶었다.

내가 살아 있다는 것에 집착할 때 배를 집어넣은 허리와 노루처럼 궁둥이를 들어올린 사람들이 허리와 궁둥이를 엇박자로 흔들며 모든 길을 활보했고 나는 뜻을 몰라서 더 슬펐었던 베트남 영화 쓰리 시즌에 나오는 민요를 불러댔다.

아랍의 아이들은 총을 장난감처럼 가지고 놀았고 정신의 무리들은 달빛에 이끌려 거리로 쏟아져나왔고 죽은 오사마 빈 라덴의 사진 속 얼굴이 늦가을처럼 낭만적이었다. 다 내가 살아 있기 때문이었다.

모두 내가 살아 있기 때문에 벌어지는 일이다. 네 살짜리 아이들이 거짓말을 할 줄 알았고 마흔에는 거짓말이 진실이 되었고 세상의 모든 산들은 이리저리로 옮겨다녔고 수다 떨기 바쁜 샌프란시스코 공항의 아프리카계 출입국 관리소의 직원은 내 여권 뒷면에 껌을 붙여놓았다.

그래도 내가 죽었다고 생각한 적도 없다. 죽었다면 나는 사막에 난 저승길을 백년 동안 걸어갈 생각을 하지 않았을 것이고 걷는 법을 잊었을 것이다.

* 대산문화재단-UC 버클리 교환 프로그램의 일환으로 캘리포니아 모하비 사막 인근의 데스밸리에 갔다. 그곳, 데스밸리로 가는 길을 사막에 난 길이라고 해봤다.

해설

마음, 그것

송종원(문학평론가)

마음의 마비로부터 혹은 마비된 말로부터

장대송의 시가 어느 순간 한 장면에 멈춰 서 있을 때, 혹은 시인이 자신의 소망을 단정한 언어로 솔직히 토로할 때, 그의 시에는 일종의 마비의 순간이 발생한다. 그 순간 충격에 의해 얼어붙은 시(인)의 육체가 얼굴을 보이고, 익숙한 관념의 흐름과 일상의 논리는 자신의 자리를 어떤 침묵에 내어준 채 시에서 내쫓긴다. 이 침묵 앞에서 자신의 내면을 스스로 열어젖히며 시인은 그제야 제 자신을 느끼기 시작한다. 장대송의 시에 종종 등장하는 "마음"이란 단어의 주위에는 이렇게 '마비'와 '침묵'과 '느낌'이 걸려 있다.

마음이 무언가에 걸리는 순간 시인은 외부의 현실 내지 대상들의 질서로부터 놓여나 자신 안의 낯섦에 눈을 뜬다. 장대송의 시에서 마비의 순간은 이 낯섦과 일차적으로 마주하나 여기가 시적 행로의 끝은 아니다. 시인은 이어 긴장한 자기 자신을 더 잘 느끼기 위해 잠시의 휴지기를 시에 끌어들인다. 이 휴지기는 장광설을 늘어놓는 시들이 자신의 날 선 감각을 탐닉하는 공간을 대신해 시인이 시에 들인 것이면서, 동시에 그가 침묵을 침묵만으로 남겨두지 않기 위해 허용해야 했던 여지로 읽을 수 있다. 관념과 논리 대신에 구체와 실감을 동반하는 마비가 시의 시작(始作)을 도맡는다면, 휴지기 이후 시를 이어가는 시인의 필력은 시작된 시를 지속적인 것으로 이끈다.

읽는 이들의 입장에서는 시적 충격을 더 중요하게 볼 수도 있지만, 쓰는 자인 시인은 그 충격을 우리의 일상으로 자연스럽게 스미어들게 해 시와 삶을 잇대는 일에 더 손이 가는가보다. 장대송은 시적 충격을 전시하는 일보다는 그것을 통해 일상의 언어를 더 유연하게 만드는 일에 애쓴다. 다시 말해 장대송의 시는 시적인 충격으로 발생한 마음의 마비와 절단된 말의 흐름을 새로운 억압으로 만들지 않고 오히려 어떤 억압이 풀려나는 순간으로, 혹은 어떤 (비)의지의 방향이 자연스러워지는 순간으로 만든다.

바람 한 점 없이 살구꽃 지네
무심하다
연분홍이야라고 말하려는 나도 참 무심하다
바람 한 줄기 얼굴에 닿아 간신히 피었는데
바람은 아직
내 몸속을 빠져나가지 못했는데
살구꽃은 지고 있다
이 밤
무얼 생각한다는 게 정말 무심하다
—「살구꽃 지는」 전문

시인이란 풀 한 포기, 꽃잎 한 점도 예사롭게 바라보지 않는다라는 말은 이미 충분히 낡았으나, 풀과 꽃잎을 자연의 일부가 아니라 세상의 눈 밖에 난 극소한 부분으로 본다면 본래 시인이란 존재는 그렇게 잊히기 쉬운 세상의 모든 부분에 관심을 두는 사람이라 말할 수 있을지도 모르겠다. 비슷한 맥락의 말이 이미 있었다. 사무사(思無邪), 공자가 시 쓰는 이의 마음을 빗댄 저 말은 주로 삿된 마음이 없다는 식으로 해석된다. 마음이 삿되지 않았다는 말은 달리 보면 마음을 주지 않는 곳이 없다는 뜻으로도 읽을 수 있겠다. 시인의 마음은 그렇게 늘 동분서주하며 그 사이 일순간 자신이 미처 관심을 주지 못한 존재와 사태에까지도 반응한다. 장대송 시인의 시 쓰는 마음 또한 그렇게 늘 자신의 관심을 넘어 움직이는 중이다.

"무심하다". 이 말은 소멸의 순간 아무런 갈등 없이 떨어지는 꽃잎을 본 시인이 그 사태를 평하는 말로 읽힌다. 그런데 맥락은 그리 단순하지 않다. 그 말 뒤에 찾아든 휴지기 때문이다. 시적인 외양을 가장하는 기술적 호흡과는 무관한 저 휴지기로 인해 "무심하다"는 표현은 낙하하는 꽃잎의 무심을 부러워한다거나 그 모습에 쓸쓸한 심정을 투영한 기록과는 차원이 다른 말이 된다. 거기에는 몇 개의 놀람이 뒤엉켜 있다. 첫번째 놀람은 무심히 지는 꽃잎의 모습에서 비롯됐겠지만, 두번째 놀람은 시인 자신이 내뱉은 그 말 때문이다. 한 존재의 소멸을 바라보며 "무심하다"고 말할 때, 시인은 이 말에 일말의 망설임조차 포함되지 않았다는 점을 직관한다. 그는 무심하다는 말의 무심함에 놀랐을 것이다. 두

번째 놀람이 첫번째 놀람을 집어삼켰으리라 추측하기란 어렵지 않다. 결국 무심하다는 말 뒤에 따라붙은 휴지기는 마음 없는 말이 거침없이 자연스럽게 흘러가는 사실에 놀란 시인의 몸을 보여주며, 그가 본능적으로 그 연쇄를 끊어냈다는 사실을 알려준다.

말을 하는 일과 생각을 하는 일, 이 두 가지 일을 곰곰이 되새겨보는 과정은 그렇게 시인의 마음을 예민하게 한다. 말과 생각에는 마음의 생기를 억누르는 힘이 작동하기 때문이다. 이를 너무도 잘 아는 시인은 자신에게조차 비밀을 잘 드러내지 않는 제 마음을 보호하기 위해, 자신이 내뱉은 말 뒤에 이것이 진정 마음인가라는 물음을 늘 던져보았을 것이다. 그리고 자기 외부의 사태가 빚은 마음의 일렁임이 자신의 말과 생각에 닿자마자 더이상 미동하지 않은 채 까무룩 하는 상황 앞에서 심한 마음의 장애를 느꼈을 것이다. 하지만 마음이 마치 "바람"과도 같아서 여기에서 저기로 다시 저기에서 여기로 자유롭게 나부끼길 원하리라는 생각과, 내 몸속의 마음은 그 바람을 닮지도 못했다거나 혹은 그 바람에 가닿지도 못하고 "내 몸속"에 갇혔다는 말도, 똑같이 마음의 생기를 훼손하는 생각이고 말일 뿐이다. 무뎌진 마음의 움직임을 자각하지 않으면 마음이 생기를 회복하는 일 또한 바랄 수 없지 않던가. 그러므로 장대송의 시를 읽는 일은 저 마음의 장애로부터 비롯된 고통과 친숙해지는 일과 다르지 않다.

이미지의 미지

마비된 마음을 풀어주는 하나의 방법은 말과 생각을 초과하는 마음의 복잡다단함을 인정하는 일이다. 마음 스스로의 존재 방식을 수용하기 위해서는 추상성과 도구성에 물든 언어를 넘어서는 일이 필요하다. 시에서 그런 일을 수행하는 것은 이미지이다. 말할 수 없는 것이 말을 하고 사물과 이름이 하나 되는 곳, 거기에는 분명 이미지가 작동하는 중이다.

비 그치자
녹천역 근처 중랑천 둔치에 할멈이 나와 계시다
열무밭에 쪼그려 앉아 꿈쩍도 안 하신다
밤에 빨아놓은 교복이 마르지 않아
젖은 옷을 다림질할 때처럼
가슴속에 빈 쌀독을 넣고 다닐 때처럼
젖은 마당에 찍어놓고 새벽에 떠난 딸의 발자국처럼 앉아 계시다
비 그치면
노을에 묶인 말장처럼
열무밭에 앉은 왜가리
기억이 묻은 마음 때문에
물속만 가만히 내려다보고 계신다
—「왜가리」 전문

천변에 앉은 "왜가리"가 "할멈"이 되었을 때, 가장 손쉬운 이해는 그것을 단순히 외면적인 유사함을 바탕으로 한 비유로 보는 것이다. '열무밭에 앉아 있는 왜가리는 멀리서 보면 흡사 밭에 쪼그려 앉아 있는 할머니 같다'는 해석은 쉽게 통용된다. 하지만 이처럼 시를 맥 빠지게 읽는 방식도 드물다. 옥타비오 파스는 이런 해석을 천박하다고 평했다. 파스의 이미지에 관한 언급(「이미지」, 『활과 리라』, 김홍근·김은중 옮김, 솔 출판사)을 빌리자면 저런 식의 접근은 시인의 직관을 천박한 설명으로 바꾸어놓고 시적 흐름의 긴장을 약하게 할 뿐이다. "할멈"이라는 단어는 어떤 의미를 탁월하게 재현하기 위한 도구가 아니며, 또한 그것은 우리에게 다른 사물을 연상하도록 유도하는 매개도 아니기 때문이다. 파스는 이미지야말로 실재 그 자체라 말한 바 있다. 그의 말대로라면 "할멈" "열무밭" 젖은 "교복" "빈 쌀독" "딸의 발자국" "왜가리"와 같은 단어들이 "말장"처럼 기능하며 부조화한 실재가 느닷없이 우리 눈앞에 출현한 순간을 묶어두었다고 말할 수 있다. 시에서 부분은 전체를 초과하는 잠재성을 지닌다. 그러므로 시의 단어는 문장의 일부도 시의 일부도 아니다. 때로 그것들 각각은 시의 전체에 육박한다. 낱말 하나 소리 하나에도 자율적인 힘이 내재한다는 것이다.

시를 쓴 시인조차 자신이 사용한 단어들 사이의 연관을 선명하게 설명하는 데 난색을 표하는데도 불구하고 우리는 간

혹 그들이 일궈낸 말의 신비를 신뢰하지 못한 채 그것들을 다소 애상적이거나 도덕적인 특정한 의미의 연관 속에 안착시키려는 경향이 있다. 난해를 이해로 돌려놓는 일은 종종 난해를 난해로 남겨두는 일보다 못하다. 그렇다고 해서 이 시의 언어가 전혀 이해할 수 없는 말들을 전한다는 말은 아니다. 단어들 사이의 느슨하면서도 여유로운 긴장감은 오히려 이 시가 전하는 분위기를 강화시킨다. "열무밭"이라는 단어의 색깔과 젖은 "교복"이라는 말의 감촉에서 가난한 삶의 그림자가 번지고, "새벽에 떠난 딸의 발자국"이란 구절로부터 깊은 사연으로 버무려진 그리움의 냄새가 배어난다. "가슴속에 빈 쌀독"은 애써 묻어두려 했던 상처 난 마음의 표정을 비춘다. 그것들은 오도카니 교교한 흰빛을 뿜으며 굽은 몸으로 서 있는 "왜가리"처럼, 때론 생의 얼룩에서 비롯된 검은빛을 물들이며 시인의 시선을 습격하였을 것이다. 그러므로 이 시의 제목인 "왜가리"는 하나의 정서로 갈피 짓거나 고정적 의미로 파악하기 힘든 이미지의 집합소가 된다. 거기에는 정하면서도 남루하고, 아프면서도 그립기만 한 기억의 울림이 공명한다.

마지막으로 한 번 더 파스의 말을 빌리면, "시심이 언어를 건드리면 언어는 별안간 언어이기를 그친다". 장대송 시의 언어들이 그렇다. 그가 쓴 단어와 구절과 그것들의 조합이 말로 환원 불가능한 무엇인가를 시에 드리운다. 시에 쓰인 낱말과 구절은 문장의 부속이 아니라 그 홀로 살아 있는 이

미지에 가깝다. 그것은 시스템으로서의 언어는 물론이거니와 시인으로부터도 떨어져나와 그들을 소외시키는데, 하여 우리 안에 혹은 우리의 언어 안에 깃든 미지를 드러낸다. 이 미지를 다른 말로 표현하면 마음의 복잡다단함이요, 그것의 활기일 것이다. 장대송의 시에서 마음은 말과 생각에게 생기를 박탈당하지만 이미지에 내장된 풍성한 감각들은 그것을 도로 마음에게 돌려준다.

시의 마음이 놓인 곳

밤새 시끄럽던 그 집에 하얀 꽃이 피었다. 그 집은 인기척이 없다. 무슨 일이 있었을까. 무당이 굿을 하고 떠나면 집은 저렇게 나직하고 하얀 꽃만 남겨지는 것일까. 몸속에서 연일 빨갛게 피는 꽃 때문에 집을 떠나야만 했던 여인이 떠날 때도 하얀 꽃이 피었을까. 무성한 여름은 아직 끝나지 않았다. 무성한 나무, 그늘마저 무서운데, 너무 무성하면 꽃도 열매도 없다는데, 하얀 꽃이 피었다. 오래된 내력을 지닌 빈집에 핀 하얀 꽃을 본다는 건 눈이 멀 지경이다. 지나치듯 어설프게 이곳까지 온 내가 왜 하얀 꽃을 뚫어져라 보는지 알 수 없다. 집은 얼마나 많은 사람들을 보내고 들였을까. 손에 들고 온 것은 무엇이고 쥐고 나간 것은 또 어떤 것일까. 저 집에 내가 들어가면 아무 일도 없을 텐데, 너무 아무 일이 없어서 모든 내력이 사라질 것이다. 나무 아래 하얀 플라스틱 의자와 함께 졸다가 어디론가 슬며시 떠날 수도 있을 것이다. 그래도 바라보면 눈이 멀어버릴 하얀 꽃은 필 것이다.

—「하얀 꽃」 전문

시인의 마음이 눈길을 내주어 한곳을 오래 들여다보자 세상에 없을 것 같은 꽃 한 송이가 핀다. 아니 그 꽃이 피어남으로 인해 없던 세상이 새롭게 생겼다고도 말할 수 있다. 사실 "오래된 내력을 지닌 빈집"이라는 시구가 암시하듯이, 이 시에서 출현한 꽃과 세계는 현실에 전혀 존재하지 않던 무엇이 아니다. 시인은 마치 처음 보는 이처럼 말하고 있지만, 아마도 그는 현실을 뚫고 올라온 그것의 느닷없는 출현과 압도적인 생생함에 놀라 짐짓 태연한 태도를 취하고 있는지도 모른다. 진실로 매혹된 이처럼 시인은 무서워하면서도 하얀 꽃의 주위를 떠나지 못한다. 그러고 보니 안온한 세계의 지속을 망가뜨린 이 하얀 꽃은 어딘가 기묘하다. 꽃이 피어난 자리에는 흡사 자력(磁力)과 같은 힘이 생겼다. 무성한 사연이 그러모아지고, 무수한 질문들이 솟아오르며, 공포와 경이와 망연자실의 감정이 파노라마처럼 펼쳐진다. 어디 그뿐인가. 없던 것이 있는 것과 같아지고, 사실이 꿈과 내통하며, 잊었던 과거가 한꺼번에 밀려와 현재와 미래의 맥락을 새롭게 짠다. 마치 응축된 시간을 꼭 움켜쥐고 있던 손이 풀린 듯 무성하고 많은 것들이 일순간 펼쳐지는 풍경은 장관이 아닐 수 없다. 이 시의 "집"은 단순히 인간의 거주지를 넘어 만물이 새롭게 태어나는 귀기 어린 터가 된다. 게다가 모든 것이 저 아닌 다른 것과 쉽게 자리를 내어주며 서로의 몸을 쉬게 할 "의자"가 되어주기도 하니, 사물들 각자가 서로의 세월을 비춰주는 이상한 연대가 순간적으로 현현했다고도 말할 수 있겠다.

감히 추측하건대 시인은 이 시집에서 가장 아름다운 시편으로 뽑힐 만한 이 작품을 자신의 무능에 기대어 썼을지도 모른다. 별달리 힘을 들이지 않았을 거라는 말이다. 저 말에는 부정적 뉘앙스가 조금도 섞여 있지 않다. 어떤 시는 시인이 자신의 전적인 무능에 매달릴 때 나온다. 장대송은 「풍경」이란 시에서 "나도 이상한 것들에 끌려다녀봤으면 좋겠다"라고 말한 바 있는데, 이 말은 시인 자신이 시의 주인이 아님을 재차 확인하는 소리로 들린다. 아마도 시인은 자신과 동일하지 않은 시적인 것의 몸을, 혹은 그것의 마음을 엿본 것은 아닐까. 같은 맥락에서 "저 집에 들어가면 아무 일도 없을 텐데, 너무 아무 일이 없어서 모든 내력이 사라질 것이다. 나무 아래 하얀 플라스틱 의자와 함께 졸다가 어디론가 슬며시 떠날 수도 있을 것이다"라는 구절은 시인이 자신의 사라진 속에서 자연스럽게 드러나는 시의 자리를 짐짓 모른 체하며 바라보는 시선을 기록하고 있다.

시가 폭발하는 자리에서 시인은 보다 적극적으로 무능해

지면서 시적인 것의 몸에 자신을 내맡겨야 한다. 그러나 이 '내맡김'이란 말처럼 쉬운 일이 아니다. 우리는 누구보다 자기 자신을 믿고 사랑하기 때문이며, 또 그것은 자기 폐쇄적인 사랑의 굴레에서 벗어나 자신이 필연의 세계로부터 추방된 우연적 존재라는 사실을 인정하는 일이기 때문이다. 자신의 노력을 믿는 태도는 그만큼 필연을 믿으려는 태도이며, 그것은 우연의 거대한 힘에 짓눌리지 않고 싶은 인간의 마음이 만들어낸 가상일지도 모른다. 장대송은 우연과 필연의 구분보다 무심히 흐르는 시의 육체를 더 중요히 여길 것이다. 개인적으로 이 시집에서 특별히 애착이 가는 몇몇 작품들, 가령 지금 인용한 「하얀 꽃」이라든가 이 글에서 다루지 못한 「그 뱀을 본 적이 없다」 등은 시적인 것의 마음에 마음껏 놀아난 가편들이라고 믿는다. 혹 이러한 말들이 장대송의 시에서 신비주의적인 색채를 발견한 것처럼 읽힐 수도 있겠지만, 단언컨대 그는 신비주의자가 아니라 시를 포기하지 않는 시인일 뿐이다. 「하얀 꽃」이 말하듯 그는 시를 위해서라면 자신을 눈멀게 하는 일도 두려워 않으며, 뒤이어 인용한 작품이 말하듯 그는 자신의 황량한 육체가 소멸할 듯한 순간에도 몸 안에 깃든 오랜 시적 풍경을 길어올리는 자이기 때문이다.

소멸을 통해 근원으로

구름밭 옆 무덤을 지났다
살아서는 죽음을 넘나드는 일이라는 게
만만하지만도 않겠지만
죽어서는
삶에게 도대체 무슨 말을 또 어떻게 할까
염소섬의 염소들이
절벽에 한 무덤으로 모여
그 많은 장대비를 온전히 맞는, 그런 일쯤일까
잔디는, 그 무성한 풀숲에서 잔디는 만만치 않게 꽂꽂
하였다
나는 황량하다
저 송장메뚜기는 가을 끝자락까지 날아갈 수 있을까
풀포기를 송두리째 들어내면서
해탈이라는 말이 왜 자꾸 떠오르는지 모를 일이외다
죽는 일과 사는 일
잡는 것과 놓는 것의 경계를
허무는 일이 해탈이라고 하더이까, 나는
간신히 아주 간신히
구름밭 한 귀퉁이 무덤가에서
조팝꽃처럼
허겈허석 누굴 그리워하는 일일신내

—「전신마취」 전문

해탈과 죽음을 말한다 하여 어떤 깨달음의 전언을 설파하는 시라고 오해하지 말자. 이 시는 해탈을 꿈꾸는 작품이 아니라 해탈의 욕망을 송두리째 들어내면서 그것을 포기하는 것에 가깝다. 그렇기 때문에 시인은 "간신히 아주 간신히"라는 말로 소망을 품은 안간힘을 내보이며, 때론 "허걱 허걱"이란 당황하는 소리도 내가며 결국에 그리움으로 치닫는 모습을 보인다. 해탈한 자에게 그리움이란 있을 수 없다. 그리워하는 마음이란 다시 한번 자기 자신과 현실의 변화를 꿈꾸는 자만이 품을 수 있기 때문이다.

이 시집에는 늙은 육신과 낡은 사물 들이 자주 등장한다. 하지만 장대송은 우리가 오랫동안 시적인 것으로 인정했던 낡고 늙어가는 것들의 비애를 노래하지 않는다. 대신에 그런 육체가 등장할 때마다 시에는 오래 묵은 것들이 전하는 기이한 친밀감이 열린 리듬감을 타고 빛난다. 오랜 시간을 경험한 존재들에게는 사물과 타인에 대한 개방적인 힘이 내재하기 마련이다. 저 아닌 것들과의 만남은 자신에 대한 애착을 줄이는 경험을 늘 동반한다. "전신마취"의 순간 자신을 방문한 환영에 몰두하는 시인의 모습처럼, 시간이 흐름에 따라 시인의 육체는 늙는다 하더라도 시간을 제 안으로 들여놓으며 변화와 운동에 익숙해진 마음의 육체는 오히려 더 생기를 지닐 수 있었을 것이다. 그러므로 장대송의 시에 기록된 육체가 늙어가며 죽음의 문턱을 기웃거린다 하여 타인과 사물의 죽음을 동반하는 자멸을 염려할 필요는 없다. 오히려 그것은 자신에 대한 의식을 최소화함으로써 세계에 자신을 개방하려는 흔적에 가깝다. "나는 황량하다"라는 시인의 선언이 우리를 긴장시키는 이유가 여기 있다. 저 말은 시의 어딘가에 분명 광대한 개방의 흔적이 남아 있다는 말과 다르지 않다.

시각과 촉각적 이미지가 뒤엉켜 넘실대는, 살아 숨 쉬는 생명의 과잉적인 감각이 "구름밭"이란 낱말에도, 절벽 끝에서서 장대비를 맞고 있는 염소 무리의 풍경에도 자연스럽게 스며 있다. 염소들의 무리가 장대비를 맞으며 절벽에 서서 거대한 검은 "무덤"의 모습을 하고 있는 극히 평범하면서도 한편으로 범상치 않은 이 광경은, 우리가 비루하게 여기며 숨기고 살아야 했고, 해서 더 황량하기만 한 육체가 자신이 탄생한 시점부터 남몰래 숨겨야 했던 모습이 아닐 수 없다. 우리의 근원에는 그렇게 고매한 의미와는 전혀 무관하며 때론 징그럽기까지 한 숨 쉬는 것들의 과잉적인 물질감이 꿈틀대고 있으며, 그것이 별다른 사건도 이유도 없이 일순간 무(無)로 돌변할 수 있는 가능성을 보유한다는 냉정한 사실은 끔찍하기까지 하다. 의미로부터 멀리 떨어져 있는 것은 물론이거니와 우연적이고도 예측 불가능하며 극도로 불안하기까지 한 저 진창 같은 근원이야말로 진정 마음의 발원지라고 할 수 있다. 피할 수 없는 이 진실이 유장한 시간의 흐름을 타고 거슬러 올라 이제야 시인의 기억이 되었다. 장대송의 시는 느리고 더딘 시간성을 동반하며 펼쳐지지만 마지막에 이르러 결국에는 숨겨진 끔찍한 진실에 다다른다. 별다른 설명을 필요로 하지 않은 채, 소멸이 불가능하다는 듯 쉼 없는 마음의 요동을 말하는 다음의 시도 마찬가지이다.

돌담을 기어오르는 호박 덩굴처럼
느리게
누굴 그리워하다가, 나는
소진된 마음과
바람의 소멸을 생각했다
허나, 나는 마음이 흔들리는 것을 봤을 뿐 소멸을 보지 못했다
—「흔들리는 것들」 부분

단단한 그리움

그 단단한 물
너무 단단해 금이 갈, 그 물
시간으로부터 몸을 지켜내기 위해 끝없이 흘러가는
저 단단한 물

절간을 지키던 저 나무들의 수다, 멈춰졌어
여기까지 찾게 했던 것들, 그만 버릴 뻔했어
이쯤에서
물에 주름 생길 때
그 틈을 비집고 들어가
오로지 기다릴 줄만 아는 모양으로
허망한 눈만 끔벅여온
벽하고 얘기하며 간신히 남겨둔
애써 감춰온 것들
물속에 부는 바람에게 말할 뻔했네
시간에게서 날 지켜다오
단단한 물은
너무 차가워 단단해진 물은
누구나 손을 씻고 세수를 해도 괜찮을
별것 아닌 이 단단한 물은
난 이 단단함이 무엇인지 알 듯도 한데
그게 맞는지
물속에 들어간 나는 나올 줄 모르네
—「강천(鋼川)」 전문

"단단한 물"이라는 말 속에는 어떤 것에도 쉽사리 만족하지 못하는 인간의 마음이 담겨 있다. 본래 독특한 상상에는 인간의 존재론적 결핍과 더불어 어떤 기원(祈願)이 작용하기 마련이다. 시인은 상상력을 통해 불변을 변화로 바꾸고 결핍을 창조로 이끄는 자이다. 이 시의 경우 상상이 시인에게 숨어들 공간을 제공했다. 시인은 "단단한 물"속에 자신을 가둔다. 그곳은 시인이 그간 숨겨온 속내를 이야기할 마음을 먹는 곳이며("물속에 부는 바람"이란 이러한 마음의 동요와 별반 다르지 않다), "시간에게서 날 지켜다오"라는 기원을 숨김없이 드러내는 장소이기도 한다. 타인에게 의존하고 싶어하는 마음은 늘 일정한 상처를 제공한다. 타인은 내가 원치 않는 것까지 나에게 돌려주는 자이기 때문이다. 그러므로 속내를 드러내고 그것을 받아줄 공간을 찾는 시인의 마음은 극히 인간적이다. 문제는 "시간에게서 날 지켜다오"라는 시인의 말이다. 이 말은 인간적인 것을 넘어서 있다. 시공의 범주를 벗어난 인간이란 존재하지 않기 때문이다. 몇 가지 맥락으로 읽을 수 있겠다. 우선 시간은 단단한 것을 무르게 하고 유연한 것을 경직되게 하기에 시인이 상상해낸 "단단한 물"이라는 이미지 공간에 영원히 갇히고 싶은 소망으로 읽을 수 있다.

두번째, 시가 다루는 시간은 모두에게 동질하다고 가정된 변량으로 표상되는 과학의 그것과는 다르다. 시는 양적인 시간이 아니라 질적인 시간을 다루고 추구한다. 그러므로 시인이 "시간으로부터 날 지켜다오"라고 말할 때, 이 말은 그가 질적으로 다른 시간을 원한다는 표현이기도 하다. 이 마음은 실로 오래된 시인들의 희망이다. 쉽사리 교환할 수 없는 시간대로 하강 또는 상승하여 자기로부터 소외된, 진정 믿고 의존할 수 있는 또다른 자기 자신을 만나는 일은 시인들의 오랜 꿈이다. "단단한 물"속으로 들어간 이가 그 속에 스스로를 가두는 일 또한 그러한 자신을 만나기 위한 방법이었을 것이다. 물론 이 자신이란 대단하거나 특별한 존재는 아니다. "누구나 손을 씻고 세수를 해도 괜찮을/별것 아닌 이 단단한 물"이란 말이 암시하듯 시인이 시간의 질적 도약을 통해 만나는 자기 자신 역시 고독하고, 상처받기 쉬우며, 늘 동분서주하는 마음과 친숙한 이일 것이다. 하지만 그가 남다른 점이 있다면 우리가 낯설고도 친밀한 자신과의 만남 속에서 변하고 회복하리라는 믿음을 가진 자라는 게 아닐까. 아마도 그는 남들을 연기하며 살아 있는 척하는 자가 아니라(「합성인간」) 스스로를 연기하며 살아내려 하는 자이리라.

시 속에 살다

장대송의 시를 감싸고 있는 분위기는 차분함이다. 그는 시적 충격에 호들갑을 떨지도 않고, 생의 난해함 앞에서도 조바심을 내지 않는다. 육체의 허망함과 마음의 혼돈에도 쉽게 지치지 않는다. 추측하건대 그는 「강천(鋼川)」에서 보여준 것처럼 자기로부터 소외된 또다른 자신을 만날 수 있는 자리에서 사는 일을 꿈꿀 것이다. 그러므로 그가 살길 바라는 곳은 시의 더 깊은 안쪽일지도. 그곳은 마음이 술렁이는 자리이며, 갑갑한 속이 비워지는 장소이다. 또한 사실과 꿈이 내통하며, 오래된 과거가 미래에 비로소 펼쳐질 자리이기도 하다. 그곳에서라면 너와 내가 일순간 서로를 향한 경계를 허물기도 한다. 달리 말해 시는 시인 자신에게서 숨겨진 것들이 무얼 그리워하는지 발견하는 장소이다(「합성인간」). 시인은 그 속에서 이 세상 것이 아닌 듯한 하얀 꽃들을 보며 붉어진 얼굴로 운다(시집에 실린 '시인의 말'은 눈물로 젖어 있다). 그 꽃이 금방이라도 사그라질까 마음을 졸이며 운다. 이 우는 일 속에도 말 안 듣는 마음의 요동이 있고 마음에 들지 않는 말과 생각의 부작용이 있다. 아마도 시인은 저 요동과 부작용 속에서 시의 더 깊은 안쪽으로만 향할 것 같다. 그쪽을 바라보는 시인의 눈은 이미 빨갛다.

장대송 충남 태안군 안면도에서 태어나 한양대 국문과와 동대학원을 다녔다. 1991년 동아일보 신춘문예에 시 「초분(草墳)」이 당선되어 문단에 나왔다. 시집으로 『옛날 녹천으로 갔다』『섬들이 놀다』가 있다.

문학동네시인선 025
스스로 웃는 매미

1판 1쇄 2012년 9월 24일
1판 3쇄 2025년 2월 14일

지은이 | 장대송
책임편집 | 김필균
편집 | 김민정 강윤정 김형균
디자인 | 수류산방(樹流山房) 본문 디자인 | 유현아
저작권 | 박지영 형소진 오서영
마케팅 | 정민호 서지화 한민아 이민경 왕지경 정유진 정경주 김수인 김혜원 김예진
브랜딩 | 함유지 박민재 김희숙 이송이 김하연 박다솔 조다현 배진성
제작 | 강신은 김동욱 이순호
제작처 | 영신사

펴낸곳 | (주)문학동네
펴낸이 | 김소영
출판등록 | 1993년 10월 22일 제2003-000045호
주소 | 10881 경기도 파주시 회동길 210
전자우편 | editor@munhak.com
대표전화 | 031) 955-8888 팩스 | 031) 955-8855
문의전화 | 031) 955-2696(마케팅), 031) 955-2663(편집)
문학동네카페 | http://cafe.naver.com/mhdn
인스타그램 | @munhakdongne 트위터 | @munhakdongne
북클럽문학동네 | http://bookclubmunhak.com

ISBN 978-89-546-1915-8 03810

잘못된 책은 구입하신 서점에서 교환해드립니다.
기타 교환 문의: 031) 955-2661, 3580

www.munhak.com

문학동네